어린이가
안전할 권리

천천히읽는책_51

어린이가 안전할 권리

글 오진원 | 그림 오은진

펴낸날 2022년 2월 15일 초판1쇄 | 2023년 5월 22일 초판2쇄
펴낸이 김남호 | 펴낸곳 현북스
출판등록일 2010년 11월 11일 | 제313-2010-333호
주소 07207 서울시 영등포구 양평로 157 투웨니퍼스트밸리 801호
전화 02)3141-7277 | 팩스 02)3141-7278
홈페이지 http://www.hyunbooks.co.kr | 인스타그램 hyunbooks
ISBN 979-11-5741-292-1 73300

편집 전은남 | 책임편집 류성희 | 디자인 박세정 | 마케팅 송유근 함지숙

글 ⓒ 오진원 2022

이 책은 저작권법에 의하여 보호를 받는 저작물이므로 무단 전재 및 복제를 금지하며,
이 책 내용의 전부 또는 일부를 이용하려면 반드시 저작권자와 현북스의 허락을 받아야 합니다.

⚠️주의 종이에 베이거나 긁히지 않도록 조심하세요. 책 모서리가 날카로우니 던지거나 떨어뜨리지 마세요.

오진원 지음

어린이가
안전할 권리

현북스

머리말

안전, 책임과 권리

길을 걷습니다.
한 건설 현장에 쓰여 있는 문구가 눈에 들어옵니다.
'안전은 권리입니다!'
저는 기뻐서 얼른 사진을 찍습니다. 제 생각과 딱 맞아떨어지는 문구니까요.

"우리의 안전은 누가 지켜야 하나요?"
언젠가 친구들에게 이렇게 물었어요.
"우리의 안전은 우리 스스로 지켜야지요!"
친구들은 대부분 이렇게 답했어요. 만약 스스로 지킬 수 있는 것이라면, 스스로 알아서 지키는 것이 좋겠지요.

하지만 우리가 아무리 노력해도 스스로 지킬 수 없는 경우도 있어요. 가정에서 일어나는 학대와 방임으로 위험에 처한 어린이들, 안전하다는 광고를 믿고 사용한 화학제품 때문에 목숨을 잃은 사람들처럼요.

그럼 이런 경우, 우리의 안전은 누가 지켜줄까요?
바로 국가의 몫이지요. 국가는 여러 제도와 장치를 통해 국민의 안전을 보장할 책임이 있어요. 다시 말해, 우리에겐 안전할 권리가 있는 것이지요.

누구나 안전한 삶을 원해요. 개인의 안전도 중요하지만, 사회적인 안전이 이루어지지 않으면 개인도 불안해지지요. 그러니 안전한 삶을 위해서는 개인의 책임도 중요하지만, 무엇보다 안전할 권리가 있다는 사실을 잊어서는 안 돼요.

오진원

차례

1부 안전하게 보호받을 권리

모두 안전한가요? | 10

안전하게 보호받을 권리가 있다 | 13

국민의 안전을 지켜주는 법 | 22

국민 안전권에 대한 각성 | 29

2부 안전 취약계층과 어린이

우선 보호받아야 할 안전 취약계층 | 40

어린이의 안전할 권리 | 43

아동 권리 헌장으로 보는 어린이의 안전권 | 48

3부 위협받는 안전

- 가장 안전해야 할 가정 | 56
- 학교에서의 안전사고 | 67
- 안전하게 맘껏 뛰놀 수 있는 자유 | 74
- 어린이 성폭력 | 81
- 어린이 교통사고 | 86

4부 안전한 생활을 위한 안전 수칙

- 안전 수칙은 왜 필요한가? | 100
- 일상을 지켜주는 여러 가지 안전 수칙 | 103
  - 어린이 교통안전 수칙
  - 횡단보도 안전 수칙
  - 자전거 안전 수칙
  - 물놀이 안전 수칙
  - 놀이터 안전 수칙
  - 코로나 19 안전 수칙

1

부

안전하게

보호받을

권리

모두 안전한가요?

주위를 둘러보세요. 집 안과 집 주위, 학교, 여러분들이 다니는 곳 모두요. 모두 안전한가요?

"안전해요."

"글쎄요……."

아마 저마다 대답이 다르겠죠? 어쩌면 평소 안전에 대해 별로 신경을 쓰고 있지 않아서 내가 과연 안전한지에 대해 얼른 대답을 못 하는 친구도 있을 거예요. 혹은 지금 환경이 안전하지 않아서 불안한 친구도 있겠지요. 만약 환경이 안전하지 못하다면 주위에 도움을 요청해야 해요. 도와줄 사람이 없을까 걱정은 하지 마세요. 분명 누군가 도와줄 거예요.

　우리에게 안전은 무척 중요해요. 안전하고 싶은 건 사람이라면 누구나 갖고 있는 기본 욕구예요. 만일 안전하지 않다고 느껴지면 마음이 불안해져서 제대로 할 일도 못 하게 돼요. 즉, 안전이란 사람답게 살아가기 위한 기본 조건이지요.

　'안전'이란 위험이 생기거나 사고가 날 염려가 없는 상태를 말해요. 지금까지 아무런 사고가 나지 않았다고 안전한 건 아니에요. 갑작스럽게 사고가 나더라도 위험에 처하지 않을 수 있는 장치가 마련되어 있어야 해요. 또 혹시라도 위험에 처하게 됐다면 이를 해결할 수 있는 대책 또한 마련되어야 하지요.

　따라서 '안전'의 반대말은 '위험'이라고 할 수 있어요. 안전한 상태란 위험에 처하지 않을 수 있는 상태를 뜻해요. 그러니 사고가 없다고 해서 안전하다고 생각하면 안 돼요. 사고는 언제 어디서나 불쑥 우리 곁에 찾아올 수 있어요. '설마 사고가 나겠어?' 하는 생각은 하지 않아야 해요.

별다른 사고 없이 오랜 시간이 흐르면 안전에 대한 감각이 무뎌질 수도 있어요. 밖에서 보면 분명 위험한 요소가 보이지만, 그 안에 있는 사람은 위험 요소가 보이지 않는 거지요. 이를 '안전 불감증'이라고 해요. 안전 불감증은 때때로 큰 사고로 이어지곤 해요.

사고 가운데는 우리가 기본 안전 수칙만 지킨다면 막을 수 있는 경우가 많아요. 에스컬레이터를 탈 때 발이 끼는 사고를 막기 위해서 노란선 안쪽으로 서는 것처럼요. 하지만 우리가 아무리 안전 수칙을 지킨다고 해도 막을 수 없는 경우도 있어요.

에스컬레이터의 관리가 제대로 되지 않아서 발생하는 사고 같은 경우예요. 에스컬레이터의 관리가 제대로 안 된 것은 관리 업체의 잘못이겠지만, 이를 관리 감독해야 할 책임이 있는 기관과 관련 법들은 국가 차원에서 이루어져요. 그러니 결국 국민이 사고로부터 안전할 수 있도록 보호할 최종 책임은 국가에 있는 셈이에요.

안전하게 보호받을
권리가 있다!

"우리의 안전은 누가 지켜야 하나요?"

언젠가 친구들에게 이런 질문을 한 적이 있어요.

"우리의 안전은 우리가 스스로 지켜야지요."

친구들 대답은 대부분 위와 같았어요.

한편으론 안심이 되면서도 다른 한편으론 걱정이 되었어요. 혹시라도 사고가 났을 때 모든 책임을 자신에게만 돌리지 않을까 싶었어요. 자신의 잘못이 아닌 것까지도 자신 탓을 하면서 말이에요.

하지만 에스컬레이터에서 내가 안전 수칙을 잘 지켰어도 에스컬레이터 관리가 제대로 안 되어서 사고가 일어나기도 해요. 그건 내 잘못이 아니에요. 이처럼 안전사고는 자신의 잘못과 상관없이 일어나는 경우가 많아요. 이런 경우 우리는 부실한 관리에 대한 책임을 묻고, 안전해야 할 권리를 주장할 수 있어야 해요.

우리들과 우리들의 자손의 안전과 자유와 행복을 영원히 확보할 것을 다짐하면서……

대한민국 헌법 전문 가운데 일부예요. 말이 좀 어렵긴 하지만 '안전과 자유와 행복을 영원히 확보할 것을 다짐'한다는 구절이 얼른 눈에 들어와요. 국가는 국민의 안전에 책임이 있다는 뜻이 분명해요. 다시 말해 우리는 국가로부터 안전을 보장받을 권리가 있다는 뜻이에요.

 헌법은 국가의 기본법으로, 모든 법 중에 최고의 위치에 있어요. 헌법은 국민의 기본권을 어떻게 보장할 것인가에 대한 내용을 담고 있어요. 그러니 헌법 전문에서 '안전'이란 말이 언급됐다는 건 무척 중요해요. 다만 '안전권'이란

① 노란색 안전선 안에 발을 놓고 걷거나 뛰지 않습니다.

② 핸드레일을 반드시 잡고 탑니다.

③ 핸드레일 밖으로 몸을 내밀지 않습니다.

④ 어린이나 노약자는 보호자와 함께 손을 잡고 탑니다.

에스컬레이터 안전 수칙 사고를 막으려면 먼저 안전 수칙을 꼭 지켜야 해요. 그러나 관리가 제대로 안 되어서 사고가 일어났다면 부실한 관리에 대한 책임을 묻는 것이 중요해요. 그래야 앞으로 일어날 또 다른 안전사고도 막을 수 있어요.

구체적인 표현은 찾을 수가 없어요.

대신 안전권을 보장받을 근거가 되는 조항들을 찾아볼 수 있어요.

제10조
모든 국민은 인간으로서의 존엄과 가치를 가지며, 행복을 추구할 권리를 가진다. 국가는 개인이 가지는 불가침의 기본적 인권을 확인하고 이를 보장할 의무를 진다.

'인간으로서의 존엄과 가치', '행복을 추구할 권리', '기본적 인권을 확인하고 보장할 의무'라는 대목을 눈여겨보세요. 이는 국민의 안전한 삶이 보장되지 않는다면 결코 이룰 수 없는 내용이에요. 따라서 이 조항은 이렇게 읽어도 될 거예요.

우리는 인간으로서 존엄과 가치를 지니고 있고, 행복하기 위해 안전한 환경에서 살 권리가 있으며, 이는 국민의 기본적 인권으로 국가에서 보장할 의무가 있다.

엄청난 피해를 남기는 자연재해 가운데 하나인 산불 국가는 재해를 예방하고 그 위험으로부터 국민을 보호해야 할 의무가 있어요. (사진·픽사베이)

제34조

① 모든 국민은 인간다운 생활을 할 권리를 가진다.

⑥ 국가는 재해를 예방하고 그 위험으로부터 국민을 보호하기 위하여 노력하여야 한다.

헌법 제34조는 좀 더 구체적인 내용을 담고 있어요. ①항에서는 '모든 국민은 인간다운 생활을 할 권리'가 있음을 분명히 밝히고 있지요. 또 ⑥항에서는 국가가 재해 예방과

건물 붕괴사고 현장 사람들의 부주의와 관리 소홀은 많은 사람을 위험에 빠뜨리는 사고로 이어지기도 해요. (사진·위키피디아)

그 위험으로부터 국민을 보호해야 한다고 밝히고 있어요.

　보통 좁은 의미에서 재해란 수해, 가뭄, 지진 등 자연재해를 말해요. 하지만 넓은 의미에서 재해란 사람의 실수나 부주의로 일어난 사고도 포함돼요. 이럴 때는 사람의 잘못으로 일어난 재해란 의미로 '인재'라는 말을 써요. 예를 들어 건조한 날씨 때문에 자연적으로 발생한 산불 외에 화재의 대부분은 인재예요. 또 일하는 과정에서 생기는 사고인 산업재해 역시 인재의 한 종류지요.

국가는 국민의 안전을 보장할 책임이 있고, 국민은 국가로부터 안전을 보장받을 권리가 있어요. (사진·오진원)

기억하시죠? 안전의 반대말은 '위험'이라고 했잖아요. 그러니 '재해 예방과 그 위험으로부터 국민을 보호해야 한다'는 것은 국가가 국민의 안전을 보장해야 한다는 뜻이에요.

하지만 뭔가 찜찜해요. 헌법에서 국민의 '안전'을 이야기하고 있는 건 확실한데 '안전권'이라는 말은 없으니까요. 만약 안전이 진짜로 국민의 기본권에 해당하는 내용이라면 참정권, 평등권처럼 '안전권'이라는 것도 있어야 하잖아요. 뭔가 국가가 국민의 안전을 보장하지 않고 빠져나갈 수

안전하게 보호받을 권리

도 있을 것 같아요.

  사실 안전권을 헌법에 명시하자는 움직임은 계속 있었어요. 모호하게 규정되어 있는 국민의 기본권을 명확하게 하자는 것이지요. 하지만 여러 가지 사정으로 헌법 개정안은 무산됐어요. 하루빨리 헌법에 '안전권'이 국민의 기본권으로 당당하게 올라갈 수 있는 날이 오기를 바라요.

헌법을 개정하려면 이런 절차를 밟아요

안전권이 국민의 기본권이 되기 위해서는 헌법이 개정되어야 해요. 그렇다면 헌법은 어떤 과정을 거쳐 개정하게 될까요?

1. **헌법 개정안 발의** : 헌법 개정안은 국회 재적의원 과반수나 대통령이 발의할 수 있어요.
2. **헌법 개정안 공고** : 국민이 헌법 개정안 내용을 알 수 있도록 20일 이상 공고해야 해요.
3. **헌법 개정안 의결** : 국회는 헌법 개정안이 공고된 날로부터 60일 이내에 의결을 해야 해요. 국회 재적의원 3분의 2 이상의 찬성을 얻어야 해요.
4. **헌법 개정안 국민투표** : 국회에서 헌법 개정안이 의결된 날로부터 30일 이내에 국민투표를 해야 해요. 이때 투표율이 반드시 50% 이상 되어야 해요. 또 투표자의 50% 이상의 찬성을 얻어야 해요.
5. **공포** : 헌법 개정이 확정되면 대통령은 이를 즉시 공포해야 해요. 일반적으로 공포 후 20일이 지나면 효력이 발생해요.

국민의 안전을
지켜주는 법

　현재 국민의 안전과 관련해 가장 구체적인 내용이 담긴 기본 법률은 '재난 및 안전관리 기본법'이에요.
　이 법이 만들어지게 된 데에는 특별한 계기가 있었어요. 지난 2003년 2월 28일 일어난 대구 지하철 화재 사건이지요.
　열차가 대구 중앙로역에 들어왔을 때였어요. 열차에 타고 있던 한 사람이 갑자기 기름을 붓고 불을 붙였어요. 불은 곧 열차 전체로 퍼져나갔어요. 다행히 화재를 목격한 승객들은 모두 무사히 대피해 목숨을 건질 수 있었어요.
　문제는 그다음이었어요. 열차 내부의 불길은 곧 역으로

지난 2003년 일어난 대구 지하철 화재 사건은 수많은 인명 피해를 남겼어요. 지하철 화재에 대처하는 안전관리가 제대로 이루어졌다면 많은 피해를 줄일 수 있었을 거예요. (사진·연합뉴스)

번졌어요. 그러나 화재가 발생했던 열차의 기관사는 아무런 조치도 취하지 않고 자기만 몸을 피했어요. 후속 열차의 진입을 막고 화재 진화와 구조 활동이 이루어지도록 해야 하는 임무를 망각한 거예요. 또 지하철 전체를 총괄하는 중앙상황실은 화재 경보를 듣고도 기관사의 보고가 없다는 이유로 화재 경보가 잘못 울렸다고 판단하고 아무런 조치도 취하지 않았어요. 그 어떤 확인 작업도 하지 않고 손을 놓고 있었던 거예요.

이런 상황에서 맞은편 철로에서 들어오던 열차는 무슨 일이 일어났는지 모른 채 역으로 들어섰고 곧 불길에 휩싸였지요. 그리고 이 열차의 기관사 역시 혼자서 대피했어요. 객실의 문도 열지 않고, 객실의 문을 열 수 있는 마스터키도 뽑아 가지고 갔지요. 불길 한가운데 승객들을 가둔 채 자신만 도망간 것이지요.

화재로 전력 공급선이 타면서 어둠 속에 빠진 객실에서

대구 지하철 사고가 일어났던 중앙로역에는 참사 12년 만에 희생자들의 이름이 새겨진 추모벽이 세워졌어요. (사진·연합뉴스)

승객들은 꼼짝없이 갇혀 있을 수밖에 없었어요. 요즘엔 비상 개폐 장치에 대해 잘 알려졌지만, 당시는 이를 아는 사람이 거의 없었어요. 불행 중 다행으로 승객 가운데 한 명이 비상 개폐 장치를 찾아 문을 열어 승객들을 대피시켰어요. 경북 영천시에 있는 작은 기차역인 금호역의 역장인 권춘섭 씨였어요.

하지만 상처는 너무 컸어요. 사망자만 무려 192명이 발생한 끔찍한 사고였지요. 화재의 직접적인 원인은 방화였지만, 사고를 키운 건 다른 데 있었어요.

열차의 의자는 불이 쉽게 붙는 가연성 소재로 되어 있어 순식간에 불길이 번져나갔어요. 비상 개폐 장치는 의자 밑에 숨어 있어 눈에 띄지 않았고, 설명글은 너무 작아 보기 힘들었어요. 무엇보다 비상 개폐 장치에 대한 홍보가 없었기 때문에 이를 아는 사람도 없었어요. 게다가 무사히 열차를 탈출한 사람들은 매캐한 연기와 아무것도 보이지 않는 깜깜한 역사 안에서 헤매다 쓰러지고 말았어요. 밖으로 나갈 수 있는 안내 유도등도 없었고, 유독가스를 막아

줄 수 있는 것도 없었어요.

 기관사와 중앙상황실 관계자의 대처 방법은 더 큰 문제였어요. 만약 기관사들이 승객들을 먼저 탈출시키고 후속 조치를 제대로 취했다면, 또 중앙상황실 관계자들이 왜 화재 경보가 울리는지 제대로 확인을 하고 조치를 취했다면 그렇게 많은 사람이 희생되지는 않았을 거예요.

 사람들은 대구 지하철 참사를 보며 큰 충격을 받았어요. 그리고 이를 계기로 2004년 재난안전처가 설립되었어요. 재난안전처는 국가 차원에서 설립된 첫 번째 재난 안전관리 기구였지요. 그리고 '재난 및 안전관리 기본법'이 제정되었어요. 이는 국가와 지방자치단체 차원에서 재난 및 안전관리 체제를 확립하기 위한 법이었어요.

 하지만 '재난 및 안전관리 기본법'만으로는 이후 계속된 재난에서 국민의 안전을 보장하기에는 한계가 있었어요. 결국 커다란 재난이 발생할 때마다 특별법을 제정해서 수습해야 했어요.

대구 지하철 사고 이후 달라진 지하철

대구 지하철 화재 사고 이후 지하철의 열차 내부와 역사에는 많은 변화가 있었어요. 열차 내부에는 여러 가지 안전 설비가 갖춰졌어요. 의자는 가연성 소재에서 불연성 소재로 바뀌었어요. 또 비상 개폐 장치에 대한 홍보가 대대적으로 이루어졌고, 소화기와 비상 통화 장치도 비치했어요.

또 지하철 역사도 많이 달라졌어요. 역사 내에는 화재를 대비한 소방 설비가 대폭 강화됐어요. 유독가스에 대비해 방독면도 설치했어요.

대구 지하철 화재 사고 이후 열차 내부에는 여러 가지 안전 설비가 갖춰졌어요.
(자료·서울교통공사)

소화기

- 승강기, 대합실 보행 거리 20미터 간격 배치
- 사진 : ABC 분말소화기 (3.3~20kg 용량)

옥내 소화전

- 승강장에 50미터 간격 배치

스프링클러 헤드

- 대합실 천정 면에 정방향 4.6미터 간격 설치
- 화재 시 헤드 부분 도달 온도 72℃에서 자동 분사

피난 유도등

- 피난구 또는 피난 경로로 사용되는 출입구를 표시하는 천정에 설치된 녹색 등
- 유도등 개선 추진 : 비상전원 20분→60분

통로 유도등

- 피난 통로를 안내하기 위하여 벽체에 설치한 백색 등
- 유도등 개선 추진 : 비상전원 20분→60분

하론, 이산화탄소 소화설비
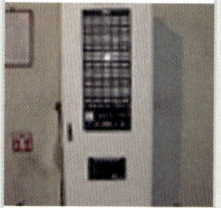
- 각 전기 관련 시설물 기계실에 설치된 자동 소화설비
- 변전실, 전기실, 신호통신, 기계실에 설치(평균 50kg용)

지하철 역사 안의 화재를 대비한 소방 설비도 대폭 강화되었어요. (자료·서울교통공사)

국민 안전권에
대한 각성

    2014년 4월 16일, 인천에서 제주도로 향하던 배 세월호가 전남 진도 앞바다에서 침몰했어요. 세월호에는 제주도로 수학여행을 가는 안산 단원고 학생 325명을 포함해 476명의 승객들이 타고 있었어요. 하지만 생존자는 172명뿐이었어요. 특히 안산 단원고 학생들은 325명 가운데 생존자가 단 75명뿐이었지요.

    사람들은 세월호 사고를 보며 1999년에 일어났던 씨랜드 화재 사고를 떠올렸어요. 사망자의 대부분이 학생들이었기 때문이었어요. 어린 유치원생들이 안타까운 죽음을 맞이했던 씨랜드 화재 사고가 떠오르는 건 당연했어요.

세월호 사고는 1995년 삼풍백화점 붕괴 사고, 1970년 남영호 침몰 사고에 이어 우리나라 재난 사고 가운데 세 번째로 많은 사망자를 낳은 엄청난 재해였어요.

사람들은 분노했어요. 대구 지하철 참사 이후 '재난 및 안전관리 기본법'에 따라 국가와 지방자치단체 차원에서 안전관리 체제가 이루어져야 했으나 그렇지 않았어요.

진도 앞바다를 지나던 세월호는 갑자기 급격하게 방향

국내 최대 규모를 자랑하던 세월호는 사고 2시간 30분 만에 선수만 남긴 채 완전히 침몰했어요. (사진·연합뉴스)

을 틀면서 기울기 시작했어요. 그런데 구조 요청을 가까운 진도 해상교통관제센터가 아니라 80km나 더 떨어져 있는 제주 해상교통관제센터에 먼저 했어요.

진도 해상교통관제센터에서는 "선장이 상황을 판단해서 승객을 탈출시키라"고 했지만, 세월호에서는 "선내에 계신 위치에서 움직이지 말라"는 안내 방송이 나왔지요. 해경 헬기가 도착했지만 배 안으로 진입해 구조 작업을 하지는 않았어요.

이후 해경 경비함이 도착한 뒤 처음으로 배에서 탈출한 사람은 세월호 선원들이었어요. 해경 경비함도 배 안으로 진입해 구조 작업을 하지 않았어요. 해경은 배에 혹시라도 남아 있는 사람을 위해서라도 탈출하라는 안내 방송을 해야 했지만, 이 역시 하지 않았어요. 먼저 배에서 탈출한 선원들도 배에 남아 있는 사람들 이야기를 전하지 않았어요. 결국 선실에서 탈출하지 않고 기다리고 있던 사람들은 구조를 받을 수 없었지요.

이 와중에 국민의 안전을 책임지고 있는 안전행정부

광화문 광장에서 세월호 참사에 대한 진상 규명과 책임자 처벌을 요구하는 사람들이 모여들어 시위하기 시작했어요. 이후 시위는 전국적으로 이어졌어요. (사진·연합뉴스)

장관은 사고 소식을 듣고도 경찰 간부후보 졸업식 자리를 끝까지 지켰어요. 또 안산 단원고에는 '전원이 구조됐다'는 잘못된 통보가 가기도 했어요. 탑승자 수는 477→462→475→476명으로, 구조자 수는 368→164명으로 오락가락했어요.

대구 지하철 사고 이후 국가 차원의 재난 안전관리기구인 재난안전처가 설립되고, '재난 및 안전관리 기본법'이 제정되었지만 그 한계만 드러내고 말았어요.

사람들은 다양한 방식으로 세월호 참사를 기억하고자 했어요. 노란색 리본은 세월호 참사의 상징이 되었어요. (자료·네이버 블로그 은딩딩)

　사람들은 언제라도 자신이 재난의 피해자가 될 수 있다고 생각하게 됐어요. 즉, 세월호 사건은 우리 국민이 자신의 안전권에 대해 각성하게 된 결정적인 계기가 된 것이지요.

안전하게 보호받을 권리　33

국민들은 세월호 참사의 책임을 정부와 대통령에게 묻기 시작했지요. 2017년 박근혜 대통령의 탄핵까지 이어진 촛불시위의 시발점은 세월호 사건이었다고 할 수 있어요.

2022년 현재, 세월호 사건은 아직도 현재진행형이에요. 이는 결국 지금까지도 국민의 안전권이 확실하게 보장되지 못하고 있다는 뜻이기도 할 거예요.

다행히도 헌법에서 국민의 안전권을 보장해야 한다는 목소리는 점점 커지고 있어요. 언젠가 분명 안전권이 국민의 기본권으로 헌법에 당당하게 올라갈 수 있는 날을 기대해 봐요.

씨랜드
화재 사고

 1999년 6월 30일, 경기도 화성에 있는 씨랜드 청소년수련원에서 불이 났어요. 수련원 3층에서 일어난 불은 순식간에 건물 전체로 옮겨붙었어요. 콘크리트 1층 건물 위에 52개의 컨테이너를 얹어 2~3층의 객실을 만든 임시 건물은 화재에 취약한 상태였어요. 컨테이너 사이의 이음새는 용접이 아닌 실리콘으로 메웠고, 화재 경보기는 불량이라 작동하

씨랜드 화재 사고 후 다 타버린 현장 2~3층에 컨테이너를 얹어 만든 임시 건물은 수련원으로는 사용할 수 없는 건물이었어요. (사진·연합뉴스)

안전하게 보호받을 권리

지 않았고, 소화기는 속이 텅텅 빈 깡통뿐이었어요.

　게다가 수련원은 소방서로부터 70㎞나 떨어진 외진 곳에 있었어요. 무선 전화기 신호도 잘 잡히지 않는 곳이었어요. 그러다 보니 소방서에 신고가 접수된 것은 화재가 발생하고 1시간이 지났을 때였어요. 신고를 받은 소방차가 출동했지만 시골길이라 길도 안 좋았고, 일부 도로는 수련원에서 사유지라며 철조망을 치거나 쇠말뚝을 박아 놓아서 수련원에 진입하기가 쉽지 않았어요. 소방차가 도착했을 때는 이미 건물이 다 탄 상태였어요.

　당시 수련원에는 유치원생과 초등학생, 인솔 교사 등 모두 544명이 있었어요. 인솔 교사가 아이들과 함께 잠을 자던 방에 있던 아이들은 무사히 탈출할 수 있었어요. 하지만 유치원 아이들을 방 안에 둔 채 밖에

씨랜드 사고를 다룬 곡 '아이야'
가 수록된 H.O.T의 앨범
(사진·SM엔터테인먼트)

서 삼겹살에 소주를 먹던 인솔 교사들도 있었어요. 그리고 인솔 교사가 없던 방 안의 아이들은 탈출을 못 하고 그대로 목숨을 잃었어요.

　씨랜드 화재 사건은 총체적인 안전 불감증이 만든 끔찍한 참사였어요. 무엇보다 어린 유치원생들이 많이 희생된 이 사고는 우리 사회에 큰 충격을 줬어요.

　그 충격은 대중가요로도 이어졌어요. 당시 최고의 인기를 누리던 아이돌 그룹 H.O.T는 씨랜드 사고를 모티브로 한 '아이야'라는 곡을 발표했어요. 씨랜드 사고의 문제를 직설적으로 토로하는 가사를 담고 있지요. 또 포크밴드 '자전거 탄 풍경'도 씨랜드 사고에서 희생된 아이들을 추모하며 <담쟁이 넝쿨별>이란 곡을 발표했지요. 다시는 이런 사고가 나지 않기를 바라면서요.

2

부

안전

취약계층과

어린이

우선 보호받아야 할
안전 취약계층

'안전 취약계층'이란 어린이, 노인, 장애인, 저소득층 등 신체적·사회적·경제적 요인으로 인하여 재난에 취약한 사람을 말한다.

– 〈재난 및 안전관리 기본법〉 제3조 9의 3

앵앵! 사이렌이 요란하게 울려요. 불이 났으니 대피하라는 방송도 나오고요. 만약 아파트 같은 높은 건물에서 이런 일이 생기면 어떻게 해야 할까요?

당연히 무조건 건물에서 빠져나와야 해요. 아무리 높은 곳에 있다고 해도 엘리베이터를 이용해서는 안 돼요. 반드시 계단을 통해 내려와야 해요.

 이럴 경우, 몸이 건강해서 자기 뜻대로 움직일 수 있는 사람은 큰 어려움 없이 건물 밖으로 탈출할 수 있을 거예요. 하지만 걸음이 서툰 어린아이, 임산부, 몸을 가누기 힘든 노인, 몸이 불편한 장애인들은 계단으로 대피를 하는 게 쉽지 않아요. 따라서 재난이나 안전사고가 발생하면 이들이 우선 대피할 수 있도록 도와야 해요.

사고나 재난이 났을 때 어린아이나 노인, 장애인 같은 안전 취약계층이 가장 먼저 안전하게 대피할 수 있도록 도와야 해요. (사진·동두천시)

'재난 및 안전관리 기본법'에서는 이처럼 사고가 났을 때 제대로 대처하기 어려운 처지에 있는 사람들을 '안전 취약계층'이라 정의하고 있어요.

안전 취약계층은 일상생활에서도 사고에 노출될 가능성이 커요.

안전해 보이는 집 안도 어린아이들에게는 위험 요소가 많아요. 전기 콘센트에 젓가락을 집어넣어 전기에 감전되거나, 뜨거운 밥솥에 손을 데는 경우도 많고, 뜨거운 음식을 쏟아서 화상을 입기도 해요.

또 저소득층은 주거 환경이 안전에 취약해서 위험에 처할 가능성도 더 커져요. 소방차가 들어올 수 없는 좁은 골목길은 한번 불이 나면 큰 재해로 이어질 수밖에 없어요.

따라서 언제 발생할지 모르는 안전사고에 대비해 평상시에 안전 취약계층에 대한 재난 안전교육이 이루어져야 해요.

어린이의
안전할 권리

안전사고는 특별한 상황에서만 일어나는 것이 아니에요. 우리 주변의 아주 사소한 것에서도 안전사고가 일어나요. 특히 어린이들의 안전사고는 언제 어디서나 수시로 일어나고 있어요.

예를 들어 볼게요.

혹시 등산로나 둘레길을 지나다 흙먼지를 털 수 있는 공기분사기가 설치되어 있는 걸 본 적 있나요? 순간적으로 압축된 공기를 분사해서 옷이나 신발의 흙먼지를 털 수 있는 장치이지요. 그런데 대부분 장치가 1미터 이하의 높이에 설치되어 있어요. 5~6세 정도 어린이라면 누구나 쉽게

등산로 입구에 설치되어 있는 흙먼지 털이용 공기분사기 압축공기의 압력이 세기 때문에 어린이들이 얼굴에 분사하지 않도록 조심해야 해요. (사진·류재원)

사용할 수 있는 높이이지요.

문제는 압축공기를 땀을 식히기 위해서 얼굴에 분사하거나, 친구의 얼굴에 분사하는 일이 일어난다는 점이에요. 압축공기는 압력이 세기 때문에 눈이나 귀에 직접 분사하면 출혈이나 부종이 일어날 수 있어요. 또 혹시라도 피부에 상처가 있을 땐 압축공기가 상처를 통해 찢어진 핏줄로 들어가 혈액 순환에 문제가 생길 수도 있어요. 편리한 장치가 때로는 우리를 다치게 하는 흉기로 변하는 거지요.

바이러스로부터 우리를 지키기 위해 사용하는 손 소독제 때문에 발생하는 안전사고도 많아요. 가장 흔히 일어나는 사고는 소독제가 눈으로 튀는 바람에 각막을 다치는 경우예요. 엘리베이터 같은 공공장소에 설치된 소독제의 경우, 키가 작은 어린이들이 사용하려다 눈으로 튀는 사고가 자주 일어나요. 완전히 손에 스며들지 않은 상태에서 눈을 비비기도 하지요. 또 커피숍에서 손 소독제를 시럽으로 착각하고 먹는 경우도 있어요.

물론 이런 사고가 반드시 어린이에게만 일어나는 것은

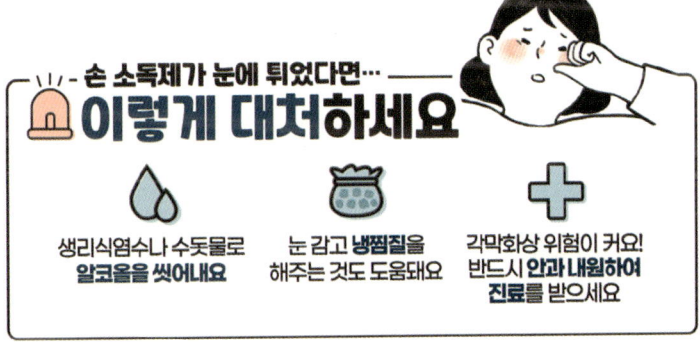

손 소독제가 눈에 튀었을 때 올바른 대처 방법 어린이들이 손 소독제를 사용하다가 눈에 튀는 사고가 자주 일어나고 있어요. (자료·식품의약품안전처)

아니에요. 하지만 어린이들이 사고에 더 많이 노출되어 있어요. 무엇보다 사고가 나면 어린이들은 어른보다 훨씬 더 치명적인 상처를 입게 되지요.

따라서 사고를 방지하기 위해서는 어린이를 위한 안내문이 반드시 있어야 해요. 또 어린이들이 안전사고를 당하지 않도록 설치 위치에 신경을 쓰거나 안전장치를 설치해야 해요. 또 어린이와 어린이를 돌보는 어른들을 대상으로 안전교육도 반드시 이루어져야 하고요. 만약 어린이를 위한 이런 대책이 제대로 이루어지지 않았다면, 그건 안전하게 자라야 할 어린이들의 권리가 침해된 것이라 할 수 있어요.

'안전하게 자라야 할 어린이들의 권리'라는 말이 낯설게 느껴지는 친구들이 있을지도 몰라요. 하지만 미래의 주인공인 어린이들에게 안전하게 생활할 수 있는 권리는 너무도 당연한 것이에요.

손 소독제 안전 사용법

눈에 들어가지 않도록 주의하기
손 소독제가 눈에 들어갈 경우 각막을 손상시킬 수 있으니, 눈에 들어간 경우 깨끗한 물로 씻은 후 안과에서 진료를 받으세요.

손 소독에만 사용하기
눈 및 귀 주위, 구강 등 점막이나 상처가 있는 피부에 닿지 않도록 하며, 분무 형태 제품의 경우 호흡기로 흡입되지 않도록 주의하세요.

어린이 손에 닿지 않는 곳에 보관하기
어린이 사용 시 안전사고가 발생하지 않도록 주의하고, 사용 후 어린이 손에 닿지 않는 곳(실온 1~30도씨)에서 보관하세요.

화재 및 화상 조심하기
화기 사용으로 인한 화재 및 화상 위험이 있으므로 손에 바른 뒤 30초 이상 충분히 말리고 사용하세요.

(자료·식품의약품안전처)

아동 권리 헌장으로 보는 어린이의 안전권

조선에서 처음으로 어린이에게도 사람의 권리를 주는 동시에 사람의 대우를 하자고 떠드는 날이 돌아왔다.

— 1923년 5월 1일 동아일보

1923년 어린이날을 맞아 발표된 방정환의 '어린이날 선언문'은 세계 최초의 어린이 인권선언문으로 평가받고 있어요. 국제연맹회의에서 '아동권리에 대한 제네바 선언'을 채택한 것이 1924년이니 그보다도 1년 앞선 것이었어요.

하지만 어린이날 선언문은 일제강점기를 지나며 오랫동안 잊혔어요. 1957년이 되어서야 새롭게 '대한민국 어린이

소파 방정환은 1923년 어린이날을 맞아 세계 최초의 어린이 인권선언문으로 평가받고 있는 어린이날 선언문을 발표했어요. (사진·서울역사편찬원)

헌장'이 발표되었어요.

- 어린이는 위험한 때에 맨 먼저 구출하여야 한다.
- 굶주린 어린이는 먹여야 한다. 병든 어린이는 치료해 주어야 하고, 신체와 정신에 결함이 있는 어린이는 도와주어야 한다.

'대한민국 어린이 헌장' 가운데는 어린이 안전과 관련된 내용도 있었어요. 하지만 각 조항은 어린이가 주체가 아니었어요. 1988년에 개정된 '대한민국 어린이 헌장'이 나왔지만 마찬가지였어요.

하지만 2016년에 발표된 '아동 권리 헌장'은 이전의 '대한민국 어린이 헌장'과는 매우 달랐어요.

모든 아동은 독립된 인격체로 존중받고 차별받지 않아야 한다. 또한 생명을 존중받고 보호받으며 발달하고 참여할 수 있는 고유한 권리가 있다. 부모와 사회, 국가와 지방자치단체는 아동의 이익을 최우선적으로 고려해야 하며, 다음과 같은 아동의 권리를 확인하고 실현할 책임이 있다.

- 아동 권리 헌장 전문

분명하게 어린이의 권리를 표명하고 있어요. 또 부모와 사회, 국가와 지방자치단체는 어린이의 권리를 확인하고 실현할 책임이 있음을 분명히 하고 있어요. 무엇보다 이름부터가 '아동 권리 헌장'이었어요.

아동 권리 헌장은 모두 9개의 조항으로 이루어져 있어

요. 각 조항은 어린이들이 어떤 권리를 갖는지를 구체적으로 밝히고 있어요.

1. 아동은 생명을 존중받아야 하며 부모와 가족의 보살핌을 받을 권리가 있다.
2. 아동은 모든 형태의 학대와 방임, 폭력과 착취로부터 보호받을 권리가 있다.
3. 아동은 출신, 성별, 언어, 인종, 종교, 사회·경제적 배경, 학력, 연령, 장애 등의 이유로 차별받지 않을 권리가 있다.
4. 아동은 개인적인 생활이 부당하게 공개되지 않고 보호받을 권리가 있다.
5. 아동은 신체적·정신적·사회적으로 건강하게 성장하고 발달하는 데 필요한 기본적인 영양, 주거, 의료 등을 지원받을 권리가 있다.
6. 아동은 자신이 살아가는 데 필요한 지식과 정보를 알 권리가 있다.
7. 아동은 자유롭게 상상하고 도전하며 창의적으로 활동하고

자신의 능력과 소질에 따라 교육받을 권리가 있다.

8. 아동은 휴식과 여가를 누리며 다양한 놀이와 오락, 문화·예술 활동에 자유롭고 즐겁게 참여할 권리가 있다.

9. 아동은 자신의 생각이나 느낌 등을 자유롭게 표현할 수 있으며, 자신에게 영향을 주는 감정에 대해 의견을 말하고 이를 존중받을 권리가 있다.

이 가운데 어떤 조항이 어린이 여러분의 안전과 관련된 내용일까요? 어떤 조항은 확실히 알 수 있지만, 어떤 조항은 조금 아리송하게 느껴질 수도 있을 거예요.

예를 들어 6항의 '살아가는 데 필요한 지식과 알 권리'와 7항의 '자신의 능력과 소질에 따라 교육받을 권리'는 안전과는 거리가 멀어 보여요. 하지만 이런 권리가 보장되지 않으면 불평등한 상황에 놓이게 되고, 결국엔 차별을 받게 돼요.

또 8항처럼 휴식과 여가를 누릴 수 없다면 신체와 정신 건강에 심각한 문제가 생길 수밖에 없어요. 그런데도 2018

어린이에게는 안전하고 자유롭게 놀 권리가 있어요. (사진·픽사베이)

년 초록우산재단이 공개한 자료에 따르면, 10~18세 아동 청소년 가운데 자유롭게 휴식하거나 노는 시간이 전혀 없다고 답한 비율이 24.2%나 됐어요.

그러니 아무래도 모든 조항이 다 어린이 여러분의 안전과 관련이 있다고 생각해요. 크게 관련이 있느냐 아니냐의 차이일 뿐이지요.

권리란 스스로 지켜나갈 수 있어야 의미가 있어요. 그리고 그 시작은 어린이 여러분에게 어떤 권리가 있는지를 분명히 아는 것에서 시작한답니다.

3

부

위협받는

안전

가장 안전해야 할 가정

가정은 안전할까?

가정은 가장 기본적인 공동체예요. 사람들은 가정이야말로 가장 안전하고 행복한 곳이라고 믿지요.

가정을 구성하는 사람들이 함께 사는 공간은 '집'이에요. 그런데 안타깝게도 집 안은 어린이 안전사고가 가장 많이 일어나는 공간이기도 해요. 특히 나이가 어릴수록 집 안에서 많은 사고를 당해요.

방이나 거실에서 넘어지거나 미끄러져 상처가 나기도 하고, 뼈가 부러지는 일도 자주 일어나요. 뜨거운 물이나 음식을 쏟아서 화상을 입는 경우도 흔해요. 또 어린아이들의 경우 건전지나 장난감 등을 삼키거나, 살충제나 표백제 등 가정용 화학제품에 중독되는 사고가 일어나기도 해요.

이뿐만이 아니에요. 9개 조항으로 이루어진 '아동 권리 헌장' 속 권리의 대부분은 이미 가정에서 침해당하는 경우가 많아요. 부모와 가족의 보살핌을 받지 못하거나, 폭력에 시달리는 어린이들에 관한 소식이 가장 대표적이지요.

"밥을 오랜만에 먹어서 좋아요."

날마다 하루 세끼 밥을 먹는 건 너무 당연한데, 밥 먹는 게 특별한 어린이도 있었어요.

2020년, 길을 가던 시민이 불안한 듯 주변을 두리번거리는 한 아이를 발견했어요. 아이는 맨발에 얼굴과 몸에 멍이 들었고, 머리는 찢어져 핏자국이 남아 있었고, 손가락엔 심한 화상을 입은 상태였지요.

아이는 학대받던 집에서 몰래 도망쳐 나온 것이었어요. 밥도 제대로 먹지 못하고, 맞아서 멍이 들면 멍이 빠질 때까지 학교도 가지 못했어요.

이처럼 어린이에 대한 방임과 폭력은 동시에 일어나는 경우가 많아요.

문제는 이런 예가 아주 특별한 경우가 아니라는 점이에요. 보건복지부 통계에 따르면, 2019년 학대로 사망한 어린이는 모두 42명이라고 해요. 8.7일에 한 명이 학대로 사망하는 거지요. 하지만 이는 아동보호 전문기관에 신고 접수된 건만을 집계한 결과이기 때문에 실제로는 훨씬 더 많을 것으로 짐작되고 있어요.

그래서 해마다 초등학교 예비소집일이 지나면 예비소집일에 오지 않은 어린이들에 대한 소재 파악을 해요. 또 오랫동안 학교에 나오지 않는 어린이들에 대한 소재 파악도 하지요. 그리고 안타깝게도 부모의 학대로 이미 사망한 경우도 심심찮게 나오곤 하지요.

하지만 이런 예가 아니더라도, 집 안에서 어린이들이 위협받는 일은 아주 많아요. 공부에 시달리며 휴식과 여가를 제대로 누리지 못하거나, 자기 생각이나 느낌을 솔직하게 표현했다가 야단을 맞기도 하지요. 또 자신은 감추고 싶은 이야기를 부모님이 다른 사람에게 아무렇지도 않게 하는 것 역시 어린이를 불안하게 만드는 것이에요.

이처럼 가정이란 가장 안전하고 포근한 곳이어야 하지만, 때때로 아주 무서운 곳으로 변하기도 해요.

맞아도 되는 사람은 없다

'사랑의 회초리' 혹은 '사랑의 매'라는 말을 들어본 적이 있나요? 체벌을 가할 때 쓰는 회초리를 흔히 이렇게 말하곤 해요. 여기엔 '내가 너를 때리긴 하지만, 네가 싫어서가 아니라 사랑하기 때문에 잘되라고 때리는 거야!'라는 의미가 담겨 있어요. 그래서 체벌과 폭력은 다른 것이라고 여기곤 하지요.

그렇다면 과연 체벌과 폭력은 다른 걸까요? 또 매를 맞는 어린이는 정말로 자신이 사랑받고 있다고 생각할까요?

"네가 맞을 회초리를 직접 가져오너라."

아이가 하도 말썽을 부리자, 엄마는 아이를 체벌하기로 마음을 먹었어요. 아들은 한참 시간이 지난 뒤 울면서 회초리 대신 작은 돌을 내밀며 말했지요.

"회초리로 쓸 만한 나뭇가지를 찾을 수 없었어요. 대신 이 돌을 저에게 던지세요."

《삐삐 롱스타킹》으로 유명한 작가 아스트리드 린드그렌은 1978년 독일 출판서점협회 평화상을 수락하는 연설문에서 위의 일화를 소개했어요.

아들은 왜 회초리 대신 돌을 가져왔을까요? 엄마는 '사랑의 매'라고 생각했지만, 아들은 엄마가 자신을 아프게 하려 한다고 생각했던 것이지요. 결국 체벌은 폭력과 같은 것이기 때문이에요. 엄마는 이 일을 계기로 앞으로는 절대 아이를 때리지 않겠다고 결심을 했다고 해요.

아스트리드 린드그렌의 나라인 스웨덴은 이 연설문을 계기로 1979년, 세계 최초로 어린이 체벌을 금지하는 법을 만들었어요.

하지만 우리나라는 오랫동안 체벌이란 이름으로 가정에서의 폭력이 계속되었어요. 아무리 심한 폭력을 가한다 해도 그건 어린이를 훈육하는 것이었고, 따라서 법으로 보호를 받았어요. 즉, 법이 가정 폭력을 정당화했던 것이지요.

민법 제915조(징계권)
친권자는 그 자를 보호 또는 교양하기 위하여 필요한 징계를 할 수 있다.

하지만 체벌은 가정에서 일어나는 모든 폭력의 시작이라 할 수 있어요. 따라서 가정에서 체벌 관습을 없애려면 이를 정당화하는 법부터 없애야만 하지요.

'Change 915 : 맞아도 되는 사람은 없습니다'

사람들은 그 출발점으로서, 민법 915조를 삭제하기 위한 운동을 해나갔어요. 그리고 드디어 2021년 1월, 우리나라 민법에서 915조가 삭제됐지요.

이제 훈육이라는 명목으로 더는 가정에서 체벌할 수 없게 된 것이지요. 이제 법이 달라졌으니 현실을 바꿔나갈 차례예요. 세상에 맞아도 되는 사람은 없으니까요.

가정을 위협하는 살균제

가족의 건강을 위해서는 집 안을 깨끗하게 유지하는 일이 꼭 필요해요. 청소기를 돌려 먼지를 없애고, 더러운 얼룩이 있으면 걸레로 닦아내야지요. 하지만 세균은 눈에 보이지 않기 때문에 눈으로 봐서는 깨끗한지 아닌지 판단하기가 어려워요. 그래서 사용하는 것이 바로 살균제지요.

살균제는 우리 눈에 보이지 않는 균을 죽이는 화학약품이에요. 문제는 살균제가 우리에게 해가 되는 균만 죽이는 게 아니라는 점이지요. 살균제는 우리에게 유익한 균도 죽이고, 심지어는 우리 몸에도 안 좋은 영향을 끼쳐요. 따라서 살균제를 만들 때는 우리 몸에 치명적인 독성이 있는 물질로 만들어서는 절대 안 돼요. 또 사용 방법도 정확하게 지켜야 해요. 그렇지 않으면 자칫 균뿐 아니라 우리의 생명을 앗아갈 수도 있으니까요.

그런데 말도 안 되는 끔찍한 일이 일어났어요. 우리 몸에 치명적인 독성이 있는 물질로 가습기 살균제를 만들어 팔았어요.

PHMG(폴리헥사메틸렌구아니딘)

PGH(염화에톡시에틸구아니딘)

CMIT(클로로메틸이소티아졸린)-MIT(메틸이소티아졸린)

보통 사람들은 성분표를 아무리 들여다봐도 이것들이 어떤 물질인지 알 수 없었어요. 가족의 건강을 위해서 가습기를 깨끗하게 관리하고 싶었던 사람들은 가습기 살균제를 믿고 사용했어요. 믿을 만한 큰 회사에서 안전하다며 광고를 했으니까요.

하지만 이는 우리 몸에 치명적인 독성 물질들이었어요. 더구나 기체 상태로 흡입했을 때는 인체에 심각한 문제를 일으키는 물질이었지요.

가습기 살균제를 사용했던 집집마다 사람들 몸에 이상 반응이 나타나기 시작했어요. 처음엔 감기 같았지만, 차츰 호흡곤란이 나타나고 염증이 퍼지면서 폐가 딱딱해지고 여러 가지 합병증이 생기기 시작했어요. 2021년 6월 11일 기준, 환경부에 접수된 피해자는 7,476명이고, 사망자는 1,663명에 이르고 있어요. 사망자 가운데는 어린아이, 산모, 여성, 노인들이 특히 많았어요.

가습기 살균제가 처음 만들어진 건 1997년, 폐 질환의 원인이 가습기 살균제라는 것이 알려진 건 2011년이에요. 그러나 오랜 기간 독성 물질로 가습기 살균제를 만들어 판 회사에 대한 제재는 쉽지 않았어요. 가습기 살균제에 대한 수거 명령이 내려지고, 가습기 살균제가 안전하다고 허위로 표시한 회사에 과징금이 부과됐을 뿐 다른 제재는 거의 없었어요. 검찰은 피해 조사 결과가 나와야 한다며

수사를 미뤘어요.

 수사가 시작된 건 2015년이 되어서였어요. 피해자와 가족 102명은 14개 제조회사를 살인죄로 서울중앙지검에 고소했어요. 하지만 재판은 2022년 현재까지도 계속되고 있고, 피해자들의 고통도 계속되고 있어요.

 이런 일이 일어난 건 가습기 살균제를 만든 회사만 잘못했기 때문이 아니에요. 화학물질에 관한 연구를 맡았던

문제가 되었던 가습기 살균제들 안전을 위해서 사용했던 가습기 살균제가 살인 도구가 된 끔찍한 사건이었어요. (사진·환경보건시민센터)

대학교수들은 회사에 유리하게 연구를 조작했어요. 정부는 가정에서 사용하는 화학약품에 대해 안전 검사를 철저히 할 책임이 있었지만, 가습기 살균제는 안전 검사 대상에서 빠져 있었지요.

다들 안전은 나 몰라라 하고 있었던 거예요. 이 일이 자신의 가족에게도 일어날 수 있다는 것을 모르고서요.

집 안을 둘러보세요. 집 안 곳곳에 화학제품들이 있어요. 우리가 화학제품들을 전혀 안 쓸 수는 없어요. 그리고 사용 방법을 제대로 지킨다 해도 만약 가습기 살균제처럼 제품에 문제가 있다면 끔찍한 비극이 일어날 수도 있어요.

우리는 가정에서 안심하고 쓸 수 있는 화학제품이 필요해요. 그렇다면 우리는 누구에게 그 요구를 할 수 있을까요? 바로 국가가 아닐까요? 국가는 국민이 안전하게 생활할 수 있도록 책임져야 하니까 말이에요.

학교에서의 안전사고

학교는 공사 중!

학교는 여러분이 가장 오래 머무는 공간 가운데 하나예요. 잠자는 시간을 뺀다면 어쩌면 집보다 학교에서 훨씬 오래 있을 거예요.

또 가장 많은 사람과 같이 지내는 공간이기도 해요. 반 친구들과 선생님은 물론이고, 1학년부터 6학년까지 모여 있어요. 그러다 보니 크고 작은 사고가 끊이지 않고 일어나기도 하지요. 넘어지고 다치는 사고는 물론이고, 친구와 선생님 사이에 문제가 생기기도 해요.

학교는 늘 공사가 계속되는 공간이기도 해요. 오래된 학

학교 교실의 석면 성분이 들어간 천장재를 제거하고 있어요. (사진·한국석면환경조사)

교일수록 공사는 잦아요. 낡은 시설을 수리하거나 새로운 시설을 만들기 위해서 공사를 하는 거죠.

공사는 주로 방학 때 이루어지곤 해요. 학생들의 안전사고를 막기 위해서죠. 하지만 가끔은 방학 때 공사를 다 마치지 못하기도 하고, 학기 중에 공사를 하기도 해요. 이럴 때 학교는 학생들에게 위협적인 공간이 되고 말아요.

특히 문제가 되는 건 오래된 학교에서 석면을 제거하는 공사예요. 석면은 1급 발암물질이에요. 하지만 오랫동안 석면은 중요한 건축 자재로 이용됐어요. 석면은 불에 타지 않기 때문이지요.

우리나라에서는 2009년부터 석면 사용을 금지했어요. 이 말은 2009년 이전에 지어진 건물에는 석면이 사용됐다는 뜻이지요. 학교 건물도 마찬가지예요.

정부에서는 2027년까지 학교 건물에 있는 석면을 모두 제거하기로 했어요. 그래서 전국에 있는 학교 건물 가운데 2009년 이전에 지어진 건물의 석면 제거 공사에 박차를 가했지요.

문제는 석면을 제거하는 과정이 만만치 않다는 점이에요. 석면은 광물(돌)이지만 섬유와 같은 특징을 갖고 있어요. 오래된 섬유가 하늘하늘하게 부서져 먼지가 되는 것처럼 석면도 오래되면 분해되기 쉽게 변하고, 만지면 일어나고 부서져요. 이렇게 먼지가 된 석면은 초미세먼지 입자보다 작아요. 사람의 호흡기로 들어오면 10년, 20년, 30년의 긴 잠복기를 거쳐 암을 일으켜요.

석면 제거 과정은 무척 까다로워요. 초미세먼지보다 작

은 석면 입자가 날리기 때문에 반드시 음압기를 설치해 초미세먼지가 밖으로 새나가지 않도록 해야 하죠. 하지만 그렇지 않은 곳이 많아요. 그러다 보니 공사가 끝나고 나면 석면 먼지가 여기저기 날아다니게 돼요. 겉으로 보면 공사가 끝나고 깨끗하게 청소도 된 것 같지만, 실은 그렇지 않은 거지요. 눈에 보이지 않는 석면 먼지는 그대로 우리 몸에 들어올 수밖에 없어요.

왜 이런 일이 벌어지는 걸까요? 공사 기간이 너무 짧아서 그렇다, 석면 제거 업체가 영세하기 때문이다, 말도 많아요. 하지만 무엇보다 확실한 원인은 이것이 아닐까요? 당장은 눈에 보이지 않는다는 이유로 안전에 무감각해지는 것 말이에요.

학교는 안전한 곳일까?

학교에서는 크고 작은 안전사고가 일어나곤 해요. 대부분은 자신의 부주의 때문에 일어나는 경우가 많아요. 따라서 안전 수칙만 잘 지키면 학교에서 일어나는 안전사고는 훨씬 줄어들 거예요. 또 학교에서 일어난 안전사고는 학교안전공제회를 통해 보상도 받을 수 있어요.

하지만 아무리 안전 수칙을 잘 지킨다 해도 막을 수 없는 안전사고도 있어요. 2018년 한 초등학교에서는 외부인이 교무실에 들어가 학생을 흉기로 위협하며 인질극을 벌이는 사건이 있었어요. 다행히 인질범은 1시간 만에 붙잡혔고, 인질로 잡혀 있던 학생도 무사했어요. 인질극을 벌인 사람은 자신이 이 학교 졸업생이라며 학교에 들어갔어요. 원래 외부인이 학교에 들어가려면 출입 기록을 쓰고 신분증을 맡겨야 했지만, 이런 절차는 없었어요. 이 학교 졸업생이라는 말만 믿고 그냥 들어가게 해 준 것이지요.

2010년에는 외부인이 초등학교에 침입해 청소도구 창고에 있다가, 청소도구를 가지러 온 두 여학생을 흉기로 위협하고 성폭행하려 했어요. 학생들이 강하게 반항하며 달아나자 교실까지 쫓아가기도 했어요. 또 2011년에는 쓰레기 차량이 학교 안으로 들어오는 과정에서 후문이 열린

초등학교의 공개수업 모습 학교는 가장 안전한 공간이어야 하지만, 이따금 학교에서 어린이들이 위험에 노출되는 사고가 일어나기도 해요. (사진·위키피디아)

 틈을 타 학교에 침입한 외부인이 학생을 성추행하고 달아나는 사고도 있었지요.

 이뿐 아니에요. 외부인이 초등학교 여자 화장실에 몰래 침입했다 잡힌 경우도 있고, 외부인이 초등학교에 침입해 흉기를 휘둘러 학생이 다치는 사건도 있었어요. 또 외부인이 학교에 침입해 절도 사건을 벌이는 경우도 있어요.

 이처럼 외부인이 학교에 침입해 안전을 위협하는 일은 심심찮게 발생하고 있어요. 그래서 학교마다 학교 출입문을 통제해 외부인의 침입을 막으려 애쓰고 있지요.

그렇다면 출입문을 통제하면 학교는 안전해질까요? 외부인이 침입하는 경우 말고, 학교 내부에서 안전을 위협하는 일은 없을까요?

아무래도 자신 있게 "예!" 하고 대답하긴 어려울 것 같아요. 안타까운 일이지만 학교는 사람들 눈에 띄지 않는 은밀한 사고가 일어나는 곳이기도 해요. 학생들 사이에 일어나는 왕따 문제가 가장 대표적이에요. 왕따는 상황이 심각해지기 전까지는 주위에서 눈치를 채지 못하는 경우가 많아요. 또 학생들 사이에 성폭력 문제가 일어나기도 해요. 심지어는 선생님이 자신의 권위를 이용해 학생에게 성폭력을 저지르기도 해요.

결국 학교 출입문만 통제한다고 해서 학교가 안전해지는 것은 결코 아니에요. 어떻게 하면 학교가 안전해질 수 있을까요? 다 함께 생각해 봐요.

안전하게 맘껏
뛰어놀 수 있는 자유

어린이에게 안전한 놀이터를!

여러분은 놀 때 주로 무엇을 하나요?

"너무 바빠서 놀 시간이 없어요."

"놀 시간에 차라리 쉬고 싶어요."

혹시 이런 친구들은 없겠지요?

휴식과 놀이는 신체와 정신 건강을 위해서 꼭 필요한 일이에요. 학교에서 수업 시간 중간중간에 꼭 쉬는 시간이 있는 것도 그 때문이에요. 쉬는 시간은 화장실에 가는 시간이기도 하지만, 말 그대로 쉬기도 하고 친구들과 놀 수도 있는 시간이에요.

간혹 "놀 시간이 어디 있니?" 하고 말하는 어른이 있어요. 하지만 이런 말을 하는 건 놀이에 대해 잘못 알고 있기 때문이에요. 일단 놀이는 즐거움을 줘요. 즐거움이 없으면 살아가는 데 활력을 얻을 수가 없어요. 또 몸을 움직여서 노는 것은 우리 몸을 건강하게 해 줘요. 또 친구들과의 놀이는 협동심과 규칙을 깨닫게 해 주지요.

'놀이' 하면 가장 먼저 떠오르는 공간은 놀이터예요. 어

어린이 놀이터는 어린이들이 안전하게 놀이를 할 수 있도록 안전하게 관리되어야 해요.
(사진·픽사베이)

쩌면 지금은 자주 가지 않을지도 모르겠어요. 하지만 네댓 살 무렵이면 놀이터에서 놀기 시작하니, 아마 친구들도 놀이터에 대한 추억 하나쯤은 갖고 있을 거예요.

놀이터는 어린이들이 안전하게 놀이를 할 수 있는 공간이어야 해요. 바닥은 충격을 잘 흡수해야 하고, 놀이기구는 늘 관리가 잘 되어 있어야 하지요. 하지만 간혹 놀이터를 지나다 보면 그넷줄이 끊어져 있거나, 녹이 슬어 곧 끊어질 것 같아 보일 때도 있어요.

원래 놀이터는 '어린이놀이시설 안전관리법'에 따라 제대로 관리가 되어야만 해요. 놀이 시설이 고장 나기 전에 미리미리 안전한지를 살펴야 하지요. 어린이들이 놀이터에서 놀 때는 신나게 놀이에만 집중하기 때문에 아무래도 안전에는 신경을 덜 쓰는 경향이 있어요. 이는 놀이 시설이 안전하다고 믿고 있기 때문이기도 해요. 따라서 놀이터의 안전관리는 꼭 필요한 일이에요.

하지만 실제로는 그렇지 못한 경우가 종종 있어요. 그러다 보니 안타까운 사고가 일어나기도 해요. 놀이터의 미끄럼틀에서 놀던 아이가 바닥에 떨어지면서 목숨을 잃은 일도 있었어요. 이 놀이터는 사고 이틀 전 이루어진 1차 안전 검사에서 바닥 충격 흡수제가 불합격 판정을 받았었다고 해요. 그런데 안전 검사가 완전히 마무리되기 전에 놀이터를 개방했어요. 바닥의 충격 흡수제가 제대로 되어 있었다면, 또 안전 검사를 제대로 마무리하고 난 뒤 놀이터를 개방했다면 이런 일은 벌어지지 않았을 거예요.

어린이 제품에 리콜 명령이 내려지는 까닭

어린이들의 안전한 놀이를 위협하는 것은 또 있어요. 장난감과 문구류 등이에요.

장난감과 문구류는 누구나 늘 사용하는 물건이에요. 특히 장난감은 갓난아기들도 가지고 놀아요. 그런데 이런 어린이 제품 가운데 납, 카드뮴, 프탈레이트 가소제 등 우리 몸에 해로운 성분이 기준치 이상 들어간 경우가 많아요.

납은 우리 몸에 계속 쌓이면서 신경과 위장기관에 영향

을 끼쳐요. 빈혈을 일으키기도 하고, 어린이들은 뇌 손상을 입기도 해요.

카드뮴은 몸에 쌓여도 뚜렷한 증상이 없어 알아채기 힘들어요. 하지만 우리 몸의 기능을 서서히 망가뜨려요.

플라스틱을 부드럽게 만들 때 사용하는 프탈레이트 가소제는 우리 몸의 호르몬 분비를 교란하는 환경 호르몬 물질이에요.

따라서 만일 이런 물질들이 기준치 이상 들어가 있으면 그 제품들에 리콜 명령이 내려져요. 회사는 책임지고 물건을 다시 회수해야 하지요. 하지만 리콜 대상 제품은 좀처럼 줄어들지 않고 있어요. 2018년에는 216개 품목, 2019년에는 282개 품목이 리콜 명령을 받았어요.

리콜 명령이 내려진 품목들은 크레용, 슬라임, 필통, 인형, 볼펜 등 우리가 흔히 사용하는 자잘한 품목들이 많아요. 만약 어떤 볼펜이 리콜 대상이라면 어느 회사의 어떤 모델인지, 언제 생산된 제품인지를 알아야 해요.

하지만 소비자가 이를 다 확인하기란 쉽지 않아요. 그

어린이들이 흔히 가지고 노는 장난감에 우리 몸에 축적되면 심각한 문제를 일으키는 중금속이 기준치 이상 포함된 경우가 많아요. (사진·연합뉴스)

래서일까요? 리콜 명령을 받아도 회수율이 무척 낮아요. 2018년에 29.8%, 2019년에는 24.3%에 불과했어요. 리콜 대상 제품인지 몰라서 계속 사용하는 경우도 있겠고, 사용하지 않고 집 안 어딘가에 그대로 방치되어 있을 가능성도 크지요. 유해 물질을 공기 중에 퍼트리면서 말이에요. 그리고 호흡을 통해 우리도 모르는 사이에 우리 몸으로 들어올 수도 있어요.

　어린이들이 마음 놓고 사용할 수 있도록 안전한 제품을

제품안전정보센터 누리집에 들어가면 리콜 제품에 대한 정보를 찾아볼 수 있어요.
(사진·제품안전정보센터)

 만드는 것도 중요하지만, 우리 주위의 위험한 물건들을 찾아내 없애는 것 또한 꼭 필요해요.
 제품안전정보센터 누리집(safetykorea.kr)에 들어가면 리콜 제품에 대한 정보를 찾아볼 수 있어요. 우리 집에 혹시 위험한 물건은 없는지, 다 함께 찾아보면 어떨까요?

어린이
성폭력

누구나 무섭고 두려운 건 있기 마련이에요. 여러분은 가장 두려운 게 무엇인가요?

2013년 국제어린이재단연맹에서는 전 세계 어린이를 대상으로 설문 조사를 했어요. 스스로 느끼는, 위험하다고 생각하는 것을 모두 골라 선택하게 했지요. 그 결과는 다음과 같았어요.

여자 어린이들이 가장 두려워하는 것은 '성폭력'이었어요. 순위에는 성 착취 행위인 '매춘'도 올랐어요. '인신매매'도 순위에 올랐어요. 여자 어린이들의 경우는 인신매매가 매춘으로 이어질 가능성이 커요. 참으로 서글픈 결과예

어린이들이 가장 두려워하는 것 (자료·국제어린이재단연맹 2013 보고서)

    요. 세계 어느 곳에서나 여자 어린이들이 성폭력의 위험에 노출되어 있다는 것을 확인하게 해 줘요. 더구나 아시아권에서는 성폭력에 대한 두려움이 87%로 훨씬 높게 나타났다고 해요. 이는 아시아권 여자 어린이들이 다른 지역보다 성폭력의 위협을 더 크게 느끼고 있다는 뜻이겠지요.

    그런데 성폭력에 대한 두려움은 여자 어린이들만 느끼는 것이 아니에요. 설문 결과는 남자 어린이들도 성폭력을 두려워하고 있다는 것을 보여줘요. 즉, 성폭력이란 성별과 상관없이 어린이들을 두려움에 떨게 하는 것임을 알 수 있어요.

특히 요즘에는 사이버 공간에서 일어나는 성폭력이 큰 문제로 떠오르고 있어요. 성 착취물을 녹화해 유포하고 협박하는 것이지요. 이는 한꺼번에 수천 명의 피해자를 낳고 있어요.

하지만 뭐니 뭐니 해도 어린이 성폭력 문제의 심각성을 보여주는 대표적인 사건은 '조두순 사건'이에요.

2008년 12월, 조두순은 학교에 가던 초등학교 2학년 여자 어린이를 납치해 성폭행하고 신체를 훼손했어요. 그리고 의식을 잃은 피해 어린이 위에 차가운 수돗물을 틀어놓고 나갔어요. 얼마 후 정신이 든 피해 어린이는 살려달라고 소리쳤고, 건물 앞을 지나던 사람이 발견해 경찰에 신고했어요.

이 일로 인해 피해 어린이는 성기와 항문 기능의 80%를 상실했고, 인공 항문을 만들어야 하는 장애를 입었어요. 피해 어린이가 입은 상처도 컸지만, 정신적 충격은 더욱 클 수밖에 없는 사건이었어요.

하지만 조두순이 받은 형량은 고작 징역 12년이었어요.

어린 피해자의 삶을 처절하게 짓밟은 죄의 대가라고 하기엔 너무 낮은 형량이었어요. 사람들은 조두순이 저지른 범죄에 비해 터무니없이 낮은 형량을 받았다는 사실에 분노했어요. 더구나 술에 취했다는 이유로 심신미약 상태가 인정되면서 15년 형에서 12년 형으로 감형되었다는 사실에 더욱더 분노했지요.

피해 어린이도 징역 12년이란 낮은 형량에 불안해했어

조두순 사건의 피해 어린이가 그린 그림이에요. 가해자가 평생 감옥에 갇혀 지내길 바라는 마음이 담겨 있어요.

요. 조두순이 형을 다 살고 나와도 피해 어린이는 만 20살 밖에 안 되니까요. 피해 어린이는 조두순과 마주칠지도 모른다는 사실이 두렵기만 했어요. 피해 어린이가 생각하는 형량은 징역 60년이었다고 해요. 납치죄 10년, 폭력죄 20년, 유기 10년, 장애를 입혀 평생 주머니와 인공장치를 달게 한 죄 20년, 이렇게 모두 합해서요.

현재 조두순은 형기를 다 마치고 원래 살던 집으로 돌아왔어요. 조두순과 마주치는 것이 두려운 피해 어린이 가족은 살던 집을 떠났어요. 13년이란 세월이 지났지만, 조두순은 또다시 피해 어린이에게 상처를 준 것이에요.

모두 조두순 사건을 꼭 기억해 주세요. 어린이 성폭력 사고가 없는 세상이 오기를 바라면서 말이에요.

어린이 교통사고

누군가의 이름이 붙은 법이 생긴다는 것은

누군가의 이름이 붙은 법들이 있어요. 법에 누군가의 이름이 붙었다는 건 그 누군가 때문에 법이 새로 만들어지거나 개정되었다는 뜻이에요. 물론 법의 정식 명칭은 아니에요. 하지만 그 누군가와 관련된 사건이 법이 만들어지게 된 배경이 되었기 때문에 그 사람의 이름을 따서 부르는 것이지요.

누군가의 이름이 붙은 법 가운데는 어린이의 이름이 붙은 법들도 있어요. 세림이 법, 해인이 법, 한음이 법, 하준이 법, 민식이 법······.

세림이, 해인이, 한음이, 하준이, 민식이는 모두 교통사고로 목숨을 잃었어요. 이 안타까운 죽음이 계기가 되어 새로운 법이 만들어졌지요.

● 세림이 법 ●

만 3살밖에 되지 않은 어린 세림이는 자신이 다니던 어린이집 앞에서 후진하던 어린이집 통학 차량에 치여 목숨을 잃었어요. 인솔 교사와 운전기사는 세림이를 차에서 내려주기만 하고, 안전하게 어린이집에 들어갔는지는 확인하지 않았어요.

사실 세림이 사고는 계속되고 있던 어린이 통학 버스 사고의 연장선에 있었어요. 사람들은 세림이 사고를 계기로 어린이 통학 버스가 달라지길 바랐어요. 이렇게 만들어진 것이 세림이 법이지요.

세림이 법의 주요 내용은 다음과 같아요.

– 어린이 통학 버스를 운영하려면 관할 경찰서에 신고해야

한다.

- 어린이 통학 버스를 운전하는 사람은 어린이가 좌석 안전띠를 맨 뒤에 출발해야 하며, 내릴 때는 자동차로부터 안전한 장소에 도착한 것을 확인한 후 출발해야 한다.
- 어린이 통학 버스에는 반드시 보호자가 동승해야 한다. 보호자는 승하차 시 차에서 내려 어린이가 안전하게 승하차하는 것을 확인해야 한다.
- 어린이 통학 버스 운영자 및 운전자 그리고 보호자는 반드시 관련 교육을 받아야 한다.

● 해인이 법 ●

어린이집에서 집으로 오기 위해 어린이집 버스를 기다리던 해인이는 경사로에 주차해 놓았던 SUV 차량이 밀려 내려오면서 그 차량에 치였어요. 어린이집에서는 해인이가 외상이 없다는 이유로 응급조치를 하지 않고 어린이집으로 데리고 들어갔어요. 하지만 곧 이상 징후가 나타났고, 목숨을 잃고 말았어요. 사망 원인은 장기파열로 인한 과

어린이집 통학 버스 사고로 희생된 세림이 사건 이후 어린이집 통학 버스를 안전하게 운행하도록 한 세림이 법이 만들어졌어요. (사진·연합뉴스)

다출혈이었어요.

　해인이를 죽음으로 몰고 간 건 분명 잘못 주차한 차량의 주인이에요. 그렇지만 만약 바로 신고를 하고 적절한 응급조치를 했다면 해인이는 목숨을 구할 수 있었을지도 몰라요. 사고가 나서 어디를 다쳤는지 모를 때는 혹시 모를 2차 손상을 막기 위해서라도 함부로 움직여서는 안 돼요. 하지만 어린이집에서는 해인이가 단지 놀란 것이라고만 판단하고 걸어서 어린이집에 들어가게 했어요. 이런 점에서 사고 후 잘못된 후속 조치로 해인이를 사망에 이르게 한 책임은 어린이집에 있다고 할 수 있어요.

해인이 법의 주요 내용 다음과 같아요.

- 어린이 이용 시설 관리 주체 또는 종사자는 해당 시설을 이용하는 어린이에게 위급상태가 발생한 경우, 즉시 응급의료기관 등에 신고하고 조치해야 한다.

● 한음이 법 ●

8살 한음이는 선천성 근육 발달장애 어린이로 특수학교에 다니고 있었어요. 혼자서는 걸을 수도, 밥을 먹을 수도 없었지요. 그날도 한음이는 통학 버스를 탔어요. 하지만 약 10분 뒤 한음이는 고개를 떨궜어요. 기도가 막힐 수도 있는 상황이었어요. 한음이는 신음을 내며 울었지만, 옆 좌석에 타고 있던 통학 보조원은 스마트폰을 보느라 한음이에게는 아무런 관심을 보이지 않았어요. 한음이는 버스가 학교에 도착하고 난 뒤에야 의식을 잃은 상태로 교사들에게 발견됐어요. 그러나 깨어나지 못하고 68일이 지난 뒤 사망하고 말았어요.

이후 세 건의 한음이 법 제정이 추진되었어요. 다행히 한 건은 통과되었지만, 2022년 2월 현재 나머지 두 건은 여전히 통과되지 못하고 있어요. 통과된 한음이 법의 주요 내용은 다음과 같아요.

- 어린이 통학 버스 내에 CCTV 설치를 의무화한다.
- 어린이 통학 버스 운전자는 운행을 마치고 차에서 내리기 전에 차량 내부에 어린이가 남아 있지 않은지 확인해야 한다.

● 하준이 법 ●

경남 창원에 사는 4살 하준이는 과천 서울랜드로 나들이를 갔어요. 주차장에 차를 대고 트렁크에서 짐을 내리고 있을 때였지요. 갑자기 비탈진 주차장 경사로를 따라 차량이 미끄러져 내려오며 하준이 가족을 뒤에서 덮쳤어요. 하준이는 목숨을 잃었고, 엄마 아빠도 다쳤어요. 미끄러져

경사로는 주차된 차량이 쉽게 미끄러져 내려오기 때문에 이를 막기 위한 조치가 꼭 필요해요. 하지만 이런 규정은 하준이 사건 이후에야 법으로 제정되었어요. (자료·도로교통공단)

내려온 차량에는 아무도 타고 있지 않았어요. 변속기 기어를 파킹(P)이 아닌 드라이브(D)로 놓았기 때문에 비탈진 주차장에서 쉽게 미끄러져 내려온 것이었어요.

하준이 부모님은 어처구니없이 죽은 하준이의 억울함을 풀고 싶어 도로교통법을 뒤졌어요. 하지만 법 어디에도 비탈진 곳에 주차할 때 어떻게 해야 한다는 의무 조항은 보이지 않았어요.

하준이 법은 이렇게 만들어졌어요. 주요 내용은 다음과 같아요.

– 비탈길이나 경사진 곳에 자동차를 주차할 경우, 운전자는 주차 후 차량용 고임목을 의무적으로 설치해야 한다.
– 경사로에 설치된 주차장에는 반드시 고임목을 비치하거나 차량이 미끄러져 내려가는 것을 방지하는 시설 및 '미끄럼 주의 안내 표시' 표지판을 의무적으로 설치해야 한다.

● 민식이 법 ●

9살 민식이는 5살 동생과 놀이터에 갔다가 돌아오는 길에 학교 앞 어린이보호구역에서 횡단보도를 건너다 차에 치였어요. 민식이는 목숨을 잃었고, 동생도 크게 다쳤지요.

사고가 난 곳은 어린이보호구역이었지만, 과속 단속 카

메라도, 신호등도 없었어요. 말만 어린이보호구역이지 어린이를 보호할 수 있는 것은 하나도 없었던 것이지요. 이런 어린이보호구역에서 희생된 건 민식이뿐만이 아니었어요. 날마다 한 명 이상의 어린이가 어린이보호구역에서 사고로 다치고, 목숨을 잃고 있었어요.

민식이 법의 주요 내용은 다음과 같아요.

- 어린이보호구역에 신호등과 과속 단속 카메라 설치를 의무화한다.
- 어린이보호구역에서 제한 속도를 초과하거나 주의를 소홀히 하여 사고가 발생할 경우 운전자는 가중처벌을 받는다.

이렇게 누군가의 이름으로 불리는 법들이 생긴다는 것은 사고를 대비할 수 있는 법률이 그만큼 취약했다는 뜻이에요. 앞으로는 이렇게 누군가의 이름으로 불리는 법들이 더는 생기지 않았으면 좋겠어요.

옐로카펫

학교 근처 횡단보도 앞에서 눈에 잘 띄는 노란색이 바닥에서 벽까지 칠해져 있는 걸 본 적이 있을 거예요. 바로 어린이 교통사고를 줄이기 위해 만들어진 '옐로카펫'이에요.

노란색은 사람들의 눈에 잘 띄는 색이에요. 그래서 위험으로부터 주의를 환기시킬 때 주로 사용해요. 어린이 통학버스가 노란색인 것도 이 때문이지요.

서울 성북구 길음동에 처음 설치된 옐로카펫은 주민들이 함께 참여한 '아동이 안전한 마을 만들기' 프로젝트 사업으로 이루어졌어요. (사진·국제아동인권센터)

물론 횡단보도 앞의 노란색은 예전에도 자주 볼 수 있었어요. 하지만 옐로카펫처럼 노란색이 바닥에 넓게 칠해져 있지는 않았어요. 또 그 노란색이 벽면까지 이어져 있지도 않았지요.

덕분에 옐로카펫은 사람들 눈에 아주 잘 띄어요. 어린이들은 옐로카펫에서 안전하게 신호를 기다릴 수 있고, 운전자는 옐로카펫이 눈에 잘 들어오기 때문에 운전에 주의를 기울이게 되지요. 실제로 옐로카펫이 설치된 이후 차량의 속도가 줄어드는 효과가 있었다고 해요. 옐로카펫은 횡단보도에서 조금 떨어진 곳에서도 눈에 잘 띄기 때문에 운전자들이 속도를 줄일 수 있었던 거지요.

그런데 이 옐로카펫을 설치하게 된 사연이 아주 특별해요. 어린이들의 안전에 대해 고민하던 서울 성북구 길음동 주민 1,676명과 국제아동인권센터가 함께 진행한 '아동이 안전한 마을 만들기' 프로젝트의 결과물이었다고 해요. 즉, 옐로카펫은 주민들이 현실에서 어린이들의 안전을 위협하는 요소를 찾아내고, 이를 개선할 수 있는 방법을 찾아 실현한 것이지요.

프로젝트는 주민과 함께 마을의 안전을 위협하는 요소를 조사하는 것부터 시작했다고 해요. 조사 결과 안전한 횡단보도를 만드는 것이 최우선 과제로 결정되었고, 이를 해결하기 위한 방법을 찾기 위해 회의에 회의를 거듭했어요. 그리고 마침내 횡단보도 진입부에서 벽면까지 이어지는 옐로카펫이라는 아이디어가 탄생한 것이지요.

이렇게 주민들의 현실 고민이 반영되어 만들어진 옐로카펫이 처음 설치된 곳은 서울 성북구 길음동에 있는 길원초등학교 앞이었어요. 그리고 이제 옐로카펫은 전국으로 퍼져나가고 있어요.

옐로카펫은 마을 주민들이 함께했기에 나올 수 있는 성과였어요. 마을 주민들이 생활하며 느꼈던 위험을 현재 조건 속에서 바꾸는 방법을 모색했기 때문이지요.

결국 좀 더 안전해지기 위해서는 우리 모두가 고민하고 해결하려는 노력이 필요하다는 뜻일 거예요.

4

부

안전한 생활을 위한 안전 수칙

안전 수칙은
왜 필요할까?

안전 수칙이란 위험이 생기거나 사고가 일어나지 않도록 지켜야 할 규칙을 말해요. 우리 일상생활은 물론 산업 현장에 이르기까지 상황별로 다양한 안전 수칙이 있어요.

안전 수칙이 제 몫을 다하려면 미리미리 교육과 훈련을 통해 익숙하게 만들어야 해요. 그렇지 않으면 깜박 잊어버릴 수도 있고, 또 익숙지 않아 불편하다고 여겨 안전 수칙을 지키지 않게 돼요.

귀찮은데 안전 수칙을 안 지키면 안 되냐고요? 안전 수칙을 안 지킨다고 반드시 사고나 재해가 일어나는 건 아니에요. 하지만 안전 수칙만 제대로 지킨다면 사고나 재해가

위험이 생기거나 사고가 일어나지 않도록 하려면 평소에 미리미리 교육과 훈련을 통해 안전 수칙에 익숙해지도록 해야 해요. (사진·연합뉴스)

일어날 확률은 확실히 줄어들어요. 반대로 안전 수칙을 제대로 지키지 않았을 땐 큰 사고나 재해로 이어질 수 있어요. 코로나바이러스를 막기 위한 안전 수칙을 지키지 않았을 땐 코로나바이러스에 감염될 수밖에 없어요. 또 산업 재해가 일어나는 것도 대부분이 안전 수칙이 제대로 지켜지지 않았기 때문이지요.

안전 수칙 가운데는 법적인 규제를 받는 경우도 있고, 그렇지 않은 경우도 있어요. 예를 들어 만 13세 미만의 어린이가 퀵보드를 탔다면 부모님에게 과태료가 부과돼요. 하지만 식사 후 바로 물놀이를 했다고 법적인 규제를 받지는 않아요. 이렇게 안전 수칙에 차이가 생기는 건 안전 수칙에 담긴 내용이 다른 법률과 관련이 있을 때도 있고, 없을 때도 있기 때문이에요.

안전 수칙은 기본적으로 안전을 위해 필요한 사항을 임의로 정해서 만들곤 해요. 똑같은 '교통안전 수칙'이라도 저마다 조금씩 다른 건 그 때문이에요.

하지만 중요한 건 언제 어디서나 안전 수칙을 꼭 지키도록 해야 한다는 것이죠. 이를 위해서 안전 수칙에 대한 교육과 훈련도 해야 하고요. 안전할 권리가 있으려면 그만한 책임은 꼭 필요하겠지요.

자, 그럼 우리 일상생활 속에서 지켜야 할 안전 수칙들을 알아볼까요?

일상을 지켜주는
여러 가지 안전 수칙

△ 어린이 교통안전 수칙 △

1. 보도가 끊기는 곳에선 멈춰선 뒤 좌우를 살피고 건너기
2. 갑자기 차도로 뛰쳐나가거나 장난치지 않기
3. 스마트폰 사용 자제하기
4. 횡단보도를 건널 때는 운전자와 눈을 마주치며 건너기
5. 신호가 깜빡일 때는 무리하게 건너지 말고 다음 신호 기다리기
6. 차를 타거나 내릴 때 주위 잘 살피기

△ 횡단보도 안전 수칙 △

1. 초록색 불이 켜져도 차가 멈추는 걸 확인하고 건너기
2. 횡단보도에서는 핸드폰 사용하지 말기
3. 우측으로 보행하기
4. 운전자가 잘 알아볼 수 있게 손을 들고 건너기
5. 차량이 완전히 정지한 후에 건너기

△ 등하굣길 안전 수칙 △

1. 친구들과 밀치거나 장난치지 말기
2. 길로 갑자기 튀어나오지 말기
3. 사람과 자동차가 함께 이용하는 도로는 더욱 위험하므로 항상 잘 살피며 걷기
4. 비나 눈이 오는 날은 도로가 혼잡하고 주변이 잘 보이지 않으니 평소보다 더 주의하기

△ 자전거 안전 수칙 △

1. 반드시 보호장구 착용하기(헬멧, 무릎 보호대, 팔꿈치 보호대)
2. 주변의 자동차를 잘 살피고 양보하기
3. 서두르지 않기
4. 자전거 전용도로를 이용하고, 인도와 횡단보도에서는 자전거에서 내린 후 끌면서 보행하기

자전거 안전 수칙 자전거를 탈 때는 반드시 보호장구를 착용해야 하며, 주변의 자동차를 잘 살피며 자전거 전용도로를 이용하고, 횡단보도에서는 자전거에서 내린 후 끌고 가야 해요.

△ 물놀이 안전 수칙 △

물에 들어가기 전

- 구명조끼 착용 후 5분간 준비운동 하기
- 다리, 팔, 얼굴, 가슴 순으로 물에 적신 후 입수하기
- 장시간 물놀이 후에는 반드시 휴식하기

바다에서

- 해수욕장의 수영 경계선 넘어가지 않기
- 높은 파도에 휩쓸리지 않도록 주의하기
- 몸에 이상이 생기면 즉시 물 밖으로 나오기

강과 계곡에서

- 수영 금지 구역 준수하기
- 비 온 뒤 계곡에서 물놀이하지 않기

수영장에서

- 물안경을 착용하여 눈병 예방하기
- 적절한 휴식으로 체온과 체력을 유지하기

- 구명조끼 착용 후 5분간 준비운동하기
- 다리, 팔, 얼굴, 가슴 순으로 물에 적신 후 입수하기

- 해수욕장 수영 경계선 넘어가지 않기
- 높은 파도에 휩쓸리지 않도록 주의하기
- 몸에 이상이 생기면 즉시 물 밖으로 나오기

- 수영 금지 구역 준수하기
- 비 온 후 계곡에서 물놀이하지 않기
- 신발, 장난감 등이 떠내려가도 절대 따라가지 않기

- 물안경 착용하여 눈병 예방하기
- 적절한 휴식으로 체온, 체력 유지하기

물놀이 안전 수칙 물놀이는 재미있는 만큼 위험한 요소도 많으므로 꼭 안전 수칙을 지키면서 즐겨야 해요.

△ 놀이터 안전 수칙 △

1. 반려동물 데려오지 않기
2. 유아, 어린이는 부모(보호자)와 동반하기
3. 놀이기구의 안전 수칙 준수하기

미끄럼틀

- 미끄럼틀에 거꾸로 올라가지 않기
- 엎드리거나 서서 타지 않기
- 한 사람씩 차례 지켜 타기
- 내려온 후에는 뒤에 타는 사람과 부딪치지 않도록 빨리 비켜주기
- 미끄럼틀 위에서 다른 사람을 밀지 않기
- 미끄럼틀의 진로를 방해하지 않기

오르기 기구

- 양손으로 꼭 잡고 타기
- 내려올 때는 아래를 잘 살피고 뒤로 돌아 내려오기
- 위에 있는 사람의 발을 잡아당기거나 흔들지 않기
- 다른 사람이 내려오고 있을 때는 기다렸다 올라가기

그네

- 그네가 움직일 때 그네 주위로 돌아다니지 말기

- 그네를 서서 타거나 둘이 타지 않기
- 그넷줄을 꼬거나 엎드려 타지 않기
- 그네가 완전히 정지하고 착지한 뒤 차례대로 타기

시소

- 순간적인 충격으로 튕겨 나가지 않게 손잡이를 꼭 잡고 타기
- 시소를 탄 채 자리에서 일어나지 않기
- 시소에서 내릴 때는 같이 타고 있는 친구에게 말하고 내리기

그네·시소를 탈 때의 안전 수칙 놀이터의 놀이기구를 이용할 때는 안전 수칙을 꼭 지켜 사고가 나지 않도록 해야 해요.

△ 코로나 19 안전 수칙 △

1. 실내 시설과 밀집된 실외에서는 반드시 마스크 착용하기
2. 흐르는 물에 비누로 손을 30초 이상 꼼꼼하게 자주 씻기
3. 환기가 안 되고 많은 사람이 모이는 장소는 방문 자제하기
4. 사람과 사람 사이, 두 팔 간격 2m(최소 1m) 거리 두기
5. 씻지 않은 손으로 눈·코·입 만지지 않기

코로나 19 안전 수칙

마스크 착용하기

손 자주 씻기

사람이 많이 모이는 장소 방문 자제하기

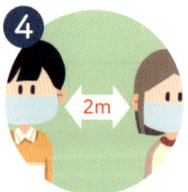

2m 거리 두기

씻지 않은 손으로 눈, 코, 입 만지지 않기

6. 기침이나 재채기를 할 때 옷소매나 휴지로 입과 코를 가리기
7. 매일 주기적으로 환기하고, 자주 만지는 표면은 청소, 소독하기
8. 발열, 호흡기 증상(기침이나 호흡곤란 등)이 있는 사람과 접촉 피하기
9. 매일 본인의 발열, 호흡기 증상 등 코로나 19 임상 증상 확인하기
10. 필요하지 않은 여행 자제하기

기침할 때
입과 코 가리기

주기적으로 환기하고,
자주 만지는 표면
소독하기

발열, 호흡기 증상 있는
사람과 접촉 피하기

매일 코로나 19
임상 증상 확인하기

필요하지 않은
여행 자제하기

왜 천천히 읽기를 해야 하는가?

'천천히 읽는 책'은 그동안 역사, 과학, 문학, 교육, 지리, 예술, 인물, 여행을 비롯해 다양한 주제와 소재를 다양한 방식으로 펴냈습니다. 왜 천천히 읽자고 하는지 궁금해하는 독자들이 있어서 몇 가지를 밝혀 둡니다.

- '천천히 읽는 책'은 말 그대로 독서 운동에서 '천천히 읽기'를 살리자는 마음을 담았습니다. 천천히 읽기는 '천천히 넓고 깊게 생각하면서 길게 읽자'는 독서 운동입니다.

- 독서 초기에는 쉽고 가벼운 책을 재미있게 읽을 수 있는 방법으로 시작해야겠지요. 그러나 독서에 계속 취미를 붙이기 위해서는 그 단계를 넘어서 책을 깊이 있게 긴 숨으로 읽는 즐거움을 느낄 수 있어야 합니다. 그래야 문해력이 발달합니다.

- 문해력이 발달하는 인지 발달 단계는 대체로 10세에서 15세 사이에 시작합니다. 음식을 천천히 씹으면서 맛을 음미하듯이 조금 어려운 책을 천천히 되씹어 읽으면서 지식을 넘어 새로운 지혜를 깨달을 수 있습니다.

- 독서 방법에는 다독, 정독, 심독이 있습니다. 천천히 읽기는 정독과 심독에서 꼭 필요한 독서 방법입니다. 빨리 많이 읽기는 지식을 엉성하게 쌓아 두기에 그칩니다. 지식을 내 것으로 소화하기 위해서는 정독이 필요하고, 지식을 넘어 지혜로 만들기 위해서는 심독이 필요합니다.

- 어린이들한테는 쉽고 가볍고 알록달록한 책만 주어야 한다고 생각하는 어른들이 있습니다. 그러나 독서력이 높은 아이들은 어렵고 딱딱한 책도 독서력이 낮은 어른들보다 잘 읽습니다. 그런 기쁨을 충족하지 못할 때 반대로 문해력도 발달하지 못하면서 책과 멀어지게 됩니다.

'천천히 읽는 책'은 독서력을 어느 정도 갖춘 10세 이상 어린이부터 청소년과 어른까지 읽는 책들입니다. 어린이, 청소년과 어른들(교사와 학부모)이 함께 천천히 읽으면서 이야기를 나눌 수 있는 읽기 자료가 되기를 바라는 마음에서 만들고 있습니다.